BEI GRIN MACHT SICH IHR WISSEN BEZAHLT

AF135743

- Wir veröffentlichen Ihre Hausarbeit, Bachelor- und Masterarbeit

- Ihr eigenes eBook und Buch - weltweit in allen wichtigen Shops

- Verdienen Sie an jedem Verkauf

Jetzt bei www.GRIN.com hochladen
und kostenlos publizieren

Kriterien zur Selektion von Cloud-Anbieter für Großhandelsunternehmen unter Berücksichtigung relevanter Datenschutzverordnungen. Konzeption eines Verfahrens

Nataliia Vidanova-Kotschner

Bibliografische Information der Deutschen Nationalbibliothek:

Die Deutsche Nationalbibliothek verzeichnet diese Publikation in der Deutschen Nationalbibliografie; detaillierte bibliografische Daten sind im Internet über http://dnb.d-nb.de abrufbar.

ISBN: 9783346912312
Dieses Buch ist auch als E-Book erhältlich.

Druck und Bindung: Books on Demand GmbH, Norderstedt Germany
Gedruckt auf säurefreiem Papier aus verantwortungsvollen Quellen

Das vorliegende Werk wurde sorgfältig erarbeitet. Dennoch übernehmen Autoren und Verlag für die Richtigkeit von Angaben, Hinweisen, Links und Ratschlägen sowie eventuelle Druckfehler keine Haftung.

Das Buch bei GRIN: https://www.grin.com/document/1375932

Seminararbeit zum Fach IT-Management

Evaluation objektiver Kriterien zur Selektion von Cloud-Anbieter für Grosshandelsunternehmen

Konzeption eines geeigneten Verfahrens zur Auswahl von Cloud-Dienstleistungen unter Berücksichtigung relevanter Datenschutzverordnungen.

Eingereicht zur Erlangung des Zertifikates IT-Management

Vorgelegt von:
Nataliia Vidanova-Kotschner

Wirtschaftsinformatik Schule Schweiz
Studiengang HFWI-1914-002

Datum der Abgabe: 07.03.2021

Abstract

Die digitale Transformation schreitet immer weiter voran und lässt sich nicht mehr aufhalten. Und hierzu leistet auch Cloud-Computing seinen Beitrag – einer der aktuell grössten Digitalisierungstrends. Die digitale Revolution in der IT sowie die Business Transformation führen dazu, dass Unternehmen vor der Herausforderung stehen, die IT- und Businesskosten zu reduzieren. Eine der attraktivsten Möglichkeiten in diesem Zusammenhang stellt Cloud-Computing dar. Cloud-Computing wird in der Zukunft zur nachhaltigen Umgestaltung von bekannten IT-Organisation führen.

Diese Literaturarbeit setzt sich mit der kritischen und komplexen Fragestellung auseinander, wie etwa welche Auswahlkriterien bei der Auswahl der Cloud-Anbieter berücksichtigt werden sollten und welchen Einfluss der Einsatz des Cloud-Computings auf die Organisation dadurch haben kann. Gegenübergestellt werden die Cloud Service-Modelle und Cloud Deployment-Modelle. Ergänzend werden die Unterscheidungsmerkmale zwischen den Gesetzgebungen aus der Schweiz, EU und USA im Datenschutzbereich beurteilt.

Ich stelle dabei fest, dass die Auswahlkriterien für geeignete Cloud-Modelle durch die meisten Autorinnen und Autoren bestehender Literaturarbeiten in Bezug auf meine Fragestellung ungenügend analysiert wurden und den Stakeholdern meistens nur das Basiswissen als Entscheidungsgrundlage zur Verfügung steht. Dabei verfügt aus meiner Sicht die derzeitige Literatur über eine ungenügende Sensibilisierung der Benutzerinnen und Benutzer des Cloud-Computings im Datenschutzbereich und seinen Einfluss auf den Umgang mit den personenbezogenen Daten. Durch die in den Gesetzen vorgesehenen Konsequenzen entstehen enormen Risiken für die Organisationen.

Abkürzungsverzeichnis

SAAS	Software-as-a-Service
PAAS	Plattform-as-a-Service
IAAS	Infrastructure-as-a-Service
DSG	Bundesgesetz über den Datenschutz
EDÖB	Eidgenössischer Datenschutz- und Öffentlichkeitsbeauftragter
Cloud Act	Clarifying lawful overseas use of data Act
EU	Europäische Union
USA	United States of America
NIST	National Institute of Standards and Technology
IT	Information Technology

Inhaltsverzeichnis

1 Einleitung

Dieses Kapitel stellt das Thema sowie die damit verbundenen Problemstellungen dieser schriftlichen Literaturarbeit vor. In einem ersten Schritt wird das Phänomen sowie der aktuelle Stand der Forschung zu Themen wie „Auswahlkriterien der Cloud-Anbieter" und „Datensicherheit im Cloud-Sektor" vorgestellt. Darüber hinaus werden die Relevanz sowie die Ziele der Arbeit detaillierter erläutert. Des Weiteren werden Fragestellungen dargestellt, welche mittels dieser Literaturarbeit untersucht werden.

1.1 Phänomen

Die Cloud-Technologie wird gegenwärtig nicht mehr in Frage gestellt, sondern vielmehr als ein Wettbewerbsvorteil wahrgenommen. Immer mehr Organisationen überlegen sich, wo und in welchem Umfang sich die Technologie einsetzen lässt (Münzl, 2015, S. 1). Cloud Computing, als Begriff aus der Informationstechnik, bedeutet, dass Cloud-Services via Internet oder Virtual Private Network betrieben werden. Im Cloud-Computing wird zwischen Service- und Deployment-Modellen unterschieden (Tiemeyer, 2020, S.312).

Die Nutzung der Cloud-Technologie ist für Unternehmen jedoch auch mit Risiken verbunden. Dies sind beispielsweise der potentielle Kontrollverlust über die Daten, die mangelhafte Isolierung der Datenverarbeitung, die Gefährdung der IT-Compliance und -Sicherheit, der Zugriff durch ausländische Behörden, die fehlende Portabilität der Daten, die allfällig unzureichenden Technologien, unerwartete Performanceprobleme sowie Netzwerkausfälle. Insbesondere bei der Verarbeitung von personenbezogenen Daten sind Organisationen verpflichtet auf die geltende Gesetzgebung zu achten.

Aus diesen und weiteren Gründen ist die sorgfältige Auswahl der Cloud-Anbieter mittels der festgelegten Auswahlkriterien und unter der Berücksichtigung der Gesetzgebung für die Unternehmen in der aktuellen Situation unabdingbar (Reinheimer, 2018, S.254).

1.2 Stand der Forschung

Der vermehrte Einsatz von Cloud-Technologien sowie die Ausrichtung des Unternehmens in Richtung Cloud-Strategie verdrängt die aktive Nutzung der internen Services und Infrastrukturen. Gegenwärtig wird Cloud-Computing von Experten als einer der relevantesten Trends in der IT angesehen. Immer mehr Unternehmen bestätigen, dass sie Cloud-Computing einsetzen oder zukünftig Cloud-Technologien in Betracht ziehen werden. Basierend auf Forschungen wird Cloud-Computing vor allem für die Digitalisierung der internen unternehmerischen Prozesse und für den Einsatz von Industrie 4.0 angewendet. Unter Berücksichtigung mehrerer Studienergebnisse kann die Entwicklung als steigend bezeichnet werden (Lindner, 2020, S. 2). In Organisationen, wo die Cloud-Technologie bereits zum Einsatz kommt, wurde dessen positiver Einfluss bereits nachgewiesen.

Mittels der Einführung des Cloud-Computings können neue Technologien kostengünstig ausprobiert und interne IT-Systeme abgelöst werden. Die Steigerung der Performance, der Effizienz, der Kundenzufriedenheit und der Flexibilität im Unternehmen sind hierbei potentielle positive Einflussfaktoren (Lindner, 2020, S. 4-5). Im Gegenzug werden als Risiken und Gefahren mehrheitlich IT-Ausfälle, Steigerung der IT-Kosten und der Verlust über die Datenkontrolle genannt (Lindner, 2020, S. 5). Eine grosse Anzahl der Studien deckt zudem auf, dass insbesondere im Bereich der Auswahlkriterien von Cloud-Anbieter und der Cloud-Security Forschungslücken bestehen. Cloud-Computing verschafft somit neue Forschungsfelder (Reinheimer, 2018, S.283).

1.3 Relevanz

Cloud-Computing findet seine Anwendung in den unterschiedlichsten Geschäftsbereichen. Diese Tendenz erfordert von Organisationen, dass das Thema Cloud-Computing in ihrer IT-Strategie mit einbezogen und aus Sicht der IT-Sicherheit und IT-Compliance besonders aufmerksam behandelt wird. Die Ausrichtung des Unternehmens nach der Cloud-Strategie ist heutzutage eine der wichtigsten und bedeutsamsten IT-Strategien für die Organisation, die viel Zukunftspotenzial verspricht aber auch viele Risiken in sich birgt (Münzl, 2015, S.2). Gemäss des Berichts des Eidgenössischen Finanzdepartements (EFD) aus dem Jahr 2020 „Bericht zur Bedarfsabklärung für eine Swiss Cloud", planen viele schweizerische Unternehmen aus den unterschiedlichsten Sektoren wie Wirtschaft, Wissenschaft, Bildung und Öffentlichkeit den Einsatz von Cloud-Technologie zukünftig zu erweitern (EFD, 2020, S.4-44). Der Einsatz von Cloud-Diensten stellt Unternehmen dabei vor grosse Herausforderungen in Bezug auf das internationale Privat- und Zivilprozessrecht, da die Cloud-Provider ihre Dienstleistungen an mehreren Standorten weltweit anbieten. Somit kommen die schweizerischen Unternehmen meist mit unterschiedlichsten Gesetzen in Berührung (Niemann, 2014, S. 122).

Die Studien zeigen auf, dass das Thema dieser Seminararbeit von grosser Relevanz ist, da die Auswahl der Cloud-Dienste in erster Linie von der Anwendung der objektiven Auswahlkriterien abhängig ist. Zudem stehen schweizerische Unternehmen gegebenenfalls vor einem Konflikt mit der internationalen Rechtsgrundlage während ihres Auswahlprozesses.

1.4 Ziel der Arbeit

Die Themenwahl ergibt sich aus existierenden kritischen Fragestellungen in meinem realen Arbeitsumfeld: Wie können Unternehmen eine objektive und rationale Entscheidung anhand der festgelegten Kriterien treffen? Grosshandelsunternehmen befinden sich im stetigen Wettbewerb. Einige von ihnen, insbesondere im Ausland, bieten zusätzlich kostengünstige Cloud-Dienstleistungen an. Ein weiterer komplexer Sachverhalt, der mittels dieser Arbeit untersucht wird: Wie sicher sind die Daten, die von der Konkurrenz an fernen Standorten unter anderen geltenden Rechtsgrundlagen verwaltet werden? Zu den zentralen Absichten dieser Arbeit zählen vor allem die Gewinnung des theoretischen Wissens im Cloud-Computing-Sektor, die Auseinandersetzung mit den zentralen Auswahlkriterien sowie den Datenschutzregelungen. Mittels dieser Seminararbeit sollen zudem die Auswahlkriterien der Cloud-Service- und Deployment-Modelle sowie die gesetzlichen Regelungen aus dem Datenschutzbereich untersucht und transparent dargelegt werden. Ebenfalls wird im Kapitel der Auswertung ein Auswahlprozess abgebildet und vorgelegt.

1.5 Fragestellungen

Ich werde mich in meiner Seminararbeit mit folgender zentraler Fragestellung auseinandersetzen: Nach welchen objektiven Kriterien unter der Einhaltung der relevanten Gesetzgebung müssen Cloud-Anbieter selektiert werden?

1.6 Abgrenzung

In dieser Seminararbeit beschäftige ich mich ausschliesslich mit den wichtigsten Kriterien des Cloud-Computings, die bei der Auswahl der Cloud-Anbieter berücksichtigt werden sollen sowie mit den datenschutzrechtlichen Faktoren, mit welchen die Anwenderinnen und Anwender der Cloud-Technologie konfrontiert werden. Die Analyse sowie Empfehlungen, zu den auf dem heutigen Cloud-

Markt etablierten Anbietern, sind nicht Bestandteil dieser Arbeit. Das resultierende Auswahlverfahren kann grundsätzlich bei allen Cloud-Anbietern angewendet werden.

1.7 Aufbau der Arbeit

Im zweiten Kapitel dieser Arbeit wird das theoretische Wissen mittels der verfügbaren Literatur zu Themen wie „Definition des Cloud-Computings", „Cloud-Computing Organisationsformen und Service-Modelle", „Eigenschaften des Cloud-Computings", „Gesetzliche Richtlinien des Cloud Computing in der Schweiz, EU und USA" erlangt und im Theorieteil festgehalten. Im dritten Kapitel erfolgen Gegenüberstellung und Analyse der Cloud-Organisationsformen, Cloud-Service-Modelle, gesetzlichen Grundlagen in der Schweiz, EU und USA. Im vierten Kapitel wird die Gegenüberstellung und Analyse ausgewertet sowie eine wertvolle Handlungsempfehlung gegeben. Abschliessend wird in Kapitel 5 das „Fazit" und Kapitel 6 der „Ausblick" erarbeitet.

2 Theorieteil

Um die Auswahl von Cloud-Anbieter sowie die damit zusammengehörigen Einflüsse auf die eigene Organisation beurteilen zu können, soll ein Verständnis für den allgemeinen Aufbau, die Formen von Cloud-Services und den gesetzgebenden Richtlinien geschaffen werden. Aus diesen und weiteren Gründen werde ich mich in den nächsten Kapiteln mit den theoretischen Aspekten des Cloud-Computings auseinandersetzen.

2.1 Cloud-Computing – die vielfältigen IT-Services

Viele Unternehmen beschäftigen sich aktuell mit unzähligen Innovationsherausforderungen. Eine der äusserst unterschätzten und disruptiven Technologien ist „Cloud Computing". Denn auch diese Technologie revolutioniert kontinuierlich (Frank, 2019, S. 6). Heutige Tendenzen zeigen auf, dass nicht nur physische Produkte, wie zum Beispiel Stromnetz, Strassen oder Wasserleitungen dem modernen Wandel unterstellt sind, sondern auch digitale Rechenleistungen wie Cloud-Technologien (Frank, 2019, S. 6).

2.2 Definition von Cloud Computing

Cloud-Computing ist eine neue, teilweise unerforschte und gleichzeitig disruptive Vorgehensweise, wie sich Unternehmen auf die IT und Wirtschaft der Zukunft ausrüsten. Gegenwärtig herrscht die Überzeugung, dass Cloud-Computing ein Schlagwort sei, mittels dessen jegliche Kapazitäts- und Leistungsengpässe beseitigt werden können. Kein anderes Thema umfasst in den letzten Jahren so viele Diskussionen, wie Cloud Computing (Reinheimer, 2018, S. 4).

Cloud Computing als Begriff selbst wurde durch Ramnath K. Chellappa, Professor auf dem Lehrstuhl für die Informationstechnologie an der Goizueta Business School, zum ersten Mal verwendet (Reinheimer, 2018, S. 4):

„Das NIST bezeichnet Cloud-Computing als ein Modell, welches den ubiquitären und komfortablen Zugriff über ein Netzwerk auf einen Pool von Ressourcen ermöglicht, der durch mehrere Anwender genutzt werden kann. Zu den bereitgestellten Ressourcen zählen Netzwerke, Speicherplatz, Rechenleistung, Anwendungen und weitere Dienste, welche unverzüglich ohne menschliche Interaktion zwischen Cloud-Anwender und Cloud-Anbieter, an den tatsächlichen Bedarf angepasst, genutzt werden können. Nutzer erwarten dabei die ständige Verfügbarkeit dieser gemeinsam genutzten Ressourcen" (Reinheimer, 2018, S. 5).

2.3 Cloud Deployment-Modelle

Immer mehr Organisationen richten sich nach Cloud-Strategien aus. Ursprünglich brachte Cloud viel Skepsis mit, heutzutage ist jedoch die Nutzung der Cloud-Services nicht mehr aus dem Unternehmensalltag wegzudenken (Tiemeyer, 2020, S. 311). In den wissenschaftlichen sowie praxisorientierten Bereichen etablierten sich in den letzten Jahren unterschiedlichste Organisationsformen des Cloud-Computings (Lissen, 2014, S. 18).

2.3.1 Private Cloud

Gemäss dem National Institute of Standards and Technology (NIST) wurde das Private Cloud-Modell als Cloud-Infrastruktur definiert, dessen exklusive Nutzung nur für gewisse Personengruppen ausführbar ist. Die Cloud-Infrastruktur wird dabei entweder im eigenen Rechenzentrum oder bei Drittanbietern aufgebaut (Tiemeyer, 2020, S. 319 & Chandrasekaran, 2015, S.47). In diesem Kontext kann das Private Cloud-Anwendungsmodell als Cloud-Umgebung für eine individuelle Organisation angesehen werden (Chandrasekaran, 2015, S.47). Im Vergleich zu den weiteren Modellen hat Private Cloud die kleinste Grösse und kann durch die Organisation selbst betrieben und gemanagt werden (Chandrasekaran, 2015, S.47).

Auch wenn die Infrastruktur, Rechenzentren oder Server bei den externen Anbietern gemietet werden, ist die Organisation, durch welche die Daten verarbeitet werden, für die Einhaltung des Datenschutzrechtes zuständig. Dieser Sachverhalt weist darauf hin, dass Private Cloud durch eine Organisation kontrolliert wird. Nämlich durch die Organisation, die diesen Service nutzt (Bedner, 2013, S 33).

Anmerkung der Redaktion: Die Abbildung wurde aus urheberrechtlichen Gründen entfernt.

Abbildung 1: Private Cloud (Quelle: Shaptunova, 2018)

Zu den wichtigsten Charakteristiken der Private Cloud zählen Sicherheit, zentralisierte Kontrolle und schwache Service-Level-Agreements (Chandrasekaran, 2015, S.47). Der grösste Vorteil bei der Private Cloud ist ihr unbestrittener Datenschutzaspekt. Denn im Fall des Einsatzes der Private Cloud werden die Daten im Unternehmen selbst und nicht in einem ausländischen Datenzentrum aufbewahrt.

Für die Unternehmen mit dem Bedarf nach erhöhter Datensicherheit kann diese Tatsache als grundlegendes Argument für den Aufbau eines eigenen Private Cloud-Modells dienen (Chandrasekaran, 2015, S.48).

2.3.2 Public Cloud

Beim Einsatz von Public Cloud geht es darum, dass mehrere Benutzer oder Organisationen auf die gleiche Infrastruktur zugreifen dürfen. Gegen einen definierten Beitrag wird durch den Cloud-Provider eine definierte Leistung bereitgestellt. Auch Ressourcen einer physischen Cloud-Infrastruktur sind begrenzt. Demzufolge erfolgt die Erbringung der Dienstleistungen meist auf Basis eines Service-Levels-Agreements. Dabei wird oftmals die Erreichbarkeit und nicht die Ressourcenkapazität versprochen (Reinheimer, S., 2018, S. 7-8). Sicherheitskritische Anwendungen können jedoch nur schwer in einer Public Cloud betrieben werden (Reinheimer, S., 2018, S. 8).

Anmerkung der Redaktion: Die Abbildung wurde aus urheberrechtlichen Gründen entfernt.

Abbildung 2: Public Cloud (Quelle: Shaptunova, 2018)

Ob sich die Migration der IT-Anwendungen in die Public Cloud lohnt, ob sie notwendig und möglich ist, wird mithilfe der Cloud-Strategie auf der Geschäftsebene entschieden (Tiemeyer, 2020, S. 330).

2.3.3 Hybrid Cloud

Die Hybrid Cloud kann grundsätzlich als eine Mischform der bereits beschriebenen Modelle angesehen werden. Bei diesem Modell können gewisse, durch das Unternehmen definierten IT-Services oder Funktionalitäten, in die Public Cloud ausgelagert werden. Der Rest wird durch das Unternehmen, zum Beispiel innerhalb einer Private Cloud, betrieben. Dabei können eigenen Ressourcen weiterhin genutzt und bei Notwendigkeit auf die Kapazitäten des externen Anbieters ausgewichen werden (Reinheimer, S., 2018, S. 8).

Die Art der Verknüpfung von Public und Private Cloud basiert auf der Geschäftsstrategie des Unternehmens. Dabei werden meist die sicherheitskritischen Applikationen für eine Auslagerung in die Hybrid Cloud in Frage gestellt, ähnlich der Public Cloud. Neben dem komplexen Aufbau der passenden und homogenen Infrastruktur für die Nutzung der Hybrid Cloud sind ebenfalls die Faktoren von Datenschutzrecht und Compliance mitentscheidend (Reinheimer, S., 2018, S. 8).

Anmerkung der Redaktion: Die Abbildung wurde aus urheberrechtlichen Gründen entfernt.

Abbildung 3: Hybrid Cloud (Quelle: Shaptunova, 2018)

Als praktikabel erweist sich zum Beispiel die Auslagerung von Testsystemen in die Hybrid beziehungsweise in die Public Cloud. Applikationen oder Systeme, die sensitive Daten enthalten, werden weiterhin in der Privat Cloud betrieben oder dessen Daten werden verschlüsselt zur Verarbeitung in die Public Cloud übergeben. Public und Private Cloud können dabei basierend auf der Regellogik aufgebaut werden (Tiemeyer, 2020, S. 321).

2.4 Cloud-Computing - Servicemodelle

Die Landschaft der Cloud-Dienstleistungen ist sehr vielfältig. Software-as-a-Service kann als Applikationssoftware mit einem User-Interface betrachtet werden (Jamsa, 2012, S. 17). Plattform-as-a-Service ist eine Plattform, die Entwickler für das Deployment der Applikationen nutzen können (Jamsa, 2012, S. 17). Ressourcen wie Rechner, Storage oder Netzwerk werden mittels dem Service Modell Infrastructure-as-a-Service bereitgestellt (Jamsa, 2012, S. 17).

2.4.1 Infrastructure-as-a-Service

Auf der untersten Abstraktionsebene wurde historisch eine physikalische Basis-IT-Infrastruktur positioniert. Diese Ebene wird Infrastructure-as-a-Service (IaaS) genannt (Reinheimer, 2018, S. 10). „Der Fokus liegt hierbei auf der dynamischen Zuweisung von IT-Ressourcen wie beispielsweise Speicher-, Prozessor-, und Netzkapazitäten, die durch Virtualisierung geteilt und zugewiesen werden und letztendlich auf Abruf dem Nutzer zur Verfügung stehen" (Reinheimer, 2018, S. 10).

In den meisten Fällen wird IaaS dort angewendet, wo die IT-Infrastruktur eine sehr hohe Komplexität aufweist und mit den eigenen Mitteln nicht gemanagt werden kann (Reinheimer, 2018, S. 10). Dabei übernehmen Benutzer die volle Kontrolle über die Infrastruktur, wie zum Beispiel, dass ein Betriebssystem selbständig ausgewählt werden kann. Die Benutzer können unter anderem den Standort, wo das Rechenzentrum betrieben wird, auswählen (Tiemeyer, 2020, S. 317). Jedoch müssen die Betriebsapplikationen selbständig installiert und verwaltet werden, was zu einem höheren Zeit- und Ressourcenaufwand führt. Die Benutzer werden zwar vom Management der Hardware entbunden, wie zum Beispiel durch die Bereitstellung der Skalierungsmöglichkeiten oder auch durch die aktuelle und innovative Betriebsumgebung, jedoch sind andere zeitaufwändige Aufgaben zu bewältigen (Tiemeyer, 2020, S. 317).

2.4.2 Plattform-as-a-Service

Die mittlere Abstraktionsebene wird durch Plattform-as-a-Service oder kurz PaaS repräsentiert. PaaS kann als eine Entwicklerumgebung betrachtet werden, mit wessen Hilfe neue Anwendungen mittels Entwicklerwerkzeugen und Schnittstellen kreiert werden können. Dadurch können Neuentwicklungen sehr schnell implementiert werden (Ellenberg, 2014, S.17).

Plattform-as-a-Service ist eng mit dem Software-as-a-Service-Modell verbunden. PaaS ist im Grunde genommen für Entwickler vorgesehen und ermöglicht diesen eine Software zu entwickeln, zu testen und anschliessend auszuführen (Reinheimer, 2018, S. 10).

„Angeboten werden z.B. Dienste, die komplette Datenbank- und Applikationsserver bieten oder vorkonfigurierte Laufzeitumgebungen für bestimmte Softwaretechnologien und Programmiersprachen. Um das Management des Betriebssystems und das Aktualisieren der Plattformsoftware muss sich der Nutzer bei PaaS nicht mehr selbst kümmern. Der grosse Vorteil bei PaaS ist somit, dass bei der Entwicklung von Applikationen der Fokus stärker auf die eigentliche Kernfunktionalität gelegt werden kann" (Tiemeyer, 2020, S. 318).

Das eigentliche Ziel der PaaS-Umgebung ist es, die Arbeit der Entwickler sowie die Implementierung der zu entwickelten Applikationen zu erleichtern. Andererseits stellt PaaS sicher, dass die ursprünglichen Dienste mit der Kernhardwareinfrastruktur weiterhin korrekt interagieren (Ellenberg, 2014, S. 7).

2.4.3 Software-as-a-Service

Die oberste Abstraktionsebene stellt Software-as-a-Service dar. SaaS bietet dem Endbenutzer standardisierte Anwendungslösungen an (Reinheimer, 2018, S. 11). „Der Ansatz sieht vor, dass einzelne Softwarekomponenten bei einem Dienstleister betrieben werden, der allein für die ganze Administration der Software verantwortlich ist" (Meinel, 2011, S. 34).

SaaS wird heutzutage nicht nur durch Unternehmen, sondern auch im Privatsektor eingesetzt und ist nicht mehr wegzudenken. Im Falle eines SaaS-Service-Modells werden IT-Anwendungen dem Endbenutzer über das Internet bzw. über einen Web-Browser zur Verfügung gestellt. Um diese Applikationen nutzen zu können wird kein IT-spezifisches Wissen benötigt (Tiemeyer, 2020, S. 318). Der Anbieter der SaaS-Lösung ist für den Betrieb und Wartung der Anwendung zuständig. Jedoch sind Anpassungen und Weiterentwicklungen der Anwendung durch eine breite Nutzung von mehreren Akteuren über eine Multi-Tenant-Architektur eingeschränkt. Eine SaaS-Applikation kann dabei als eine standardisierte Lösung wahrgenommen werden. Der Service wird nach dem Modell „Pay-per-Use" abgerechnet, wobei nur das tatsächlich genutzte Volumen in Rechnung gestellt wird (Reinheimer, 2018, S. 11). Die Einführung eines SaaS-Modells ist in vielen Bereichen möglich. Die Voraussetzung hierfür ist die Verfügbarkeit einer standardisierten Software, die im Unternehmen eingesetzt werden kann (Reinheimer, 2018, S. 11).

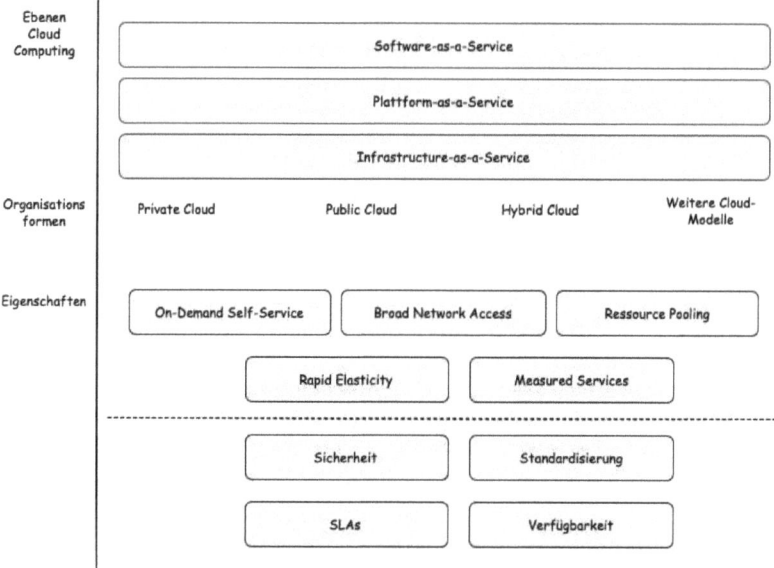

Abbildung 4: Eigenschaften des Cloud-Computings (Quelle: Reinhemer, 2018, S. 11)

Das Auslagern der unternehmenskritischen Applikationen mit sensitiven Daten in der Cloud birgt ein enormes Konfliktpotenzial. Aus diesen Gründen sollten die rechtlichen Aspekte vor einer Auslagerung überprüft und geklärt werden (Tiemeyer, 2020, S. 319).

2.6 Cloud-Computing – gesetzliche Richtlinien

Cloud-Computing verspricht viele technische und wirtschaftliche Vorteile wie die rasche Verfügbarkeit, einen einfachen Zugriff auf Ressourcen, die gemeinsame Nutzung der Leistung und Elastizität, die Messung und Verrechnung nach effektivem Verbrauch der Ressourcen. Doch trotz allen Vorteilen birgt das Outsourcing IT-Compliance- und IT-Sicherheitsrisiken in sich (Reinheimer, 2018, S. 200). Die Risiken einer Auslagerung von Infrastruktur und Komponenten in die Cloud entsprechen ungefähr jenen im Outsourcing, jedoch liegt dabei der Fokus auf den datenschutzkonformen, technischen und finanziellen Risiken (Reinheimer, 2018, S. 200).

Für eine Vielzahl der Unternehmen ist es eine Herausforderung, einen angemessenen Datenschutz gegenüber betroffenen Stakeholdern zu gewährleisten. Daten werden mit einer enormen Geschwindigkeit an Cloud-Dienstleister oder Dritte weitergegeben. Was dazu führt, dass die Daten nur in wenigen Sekunden aus einem Datenzentrum in Europa in die USA oder nach Asien versendet werden können. Dieser kritische Aspekt führt dazu, dass Unternehmen, bevor sie ihre Daten in die Cloud auslagern, sich ebenfalls mit den gesetzlichen Vorgaben betreffend dem Datenschutz auseinandersetzen müssen (Reinheimer, 2018, S. 201).

Im nächsten Kapitel werde ich basierend auf den oben genannten Gründen mich mit den kritischen Themen und Fragestellungen aus dem rechtlichen Bereich der IT-Sicherheit auseinandersetzen. Für diese Seminararbeit ist in erste Linie die schweizerische Gesetzgebung vor Relevanz.

2.6.1 Datenschutzgesetz und Cloud-Computing in der Schweiz

Die Nutzung der Cloud-Dienste wird vor allem dann kritisch, wenn personenbezogenen Daten zwischen den Systemen ausgetauscht oder für die Verarbeitung an Dritte weitergegeben werden. Die Schweiz verfügt heutzutage (Stand Jahr 2021) noch über kein generelles, überall gültiges Cloud-Datenschutz-Gesetz. Doch die Nutzung und Weitergabe der personenbezogenen Daten kann sich am Bundesgesetz über Datenschutz (DSG) vom 19. Juni 1992 orientieren.

2.6.2 Datenschutz in der Schweiz

Als Grundlage für die Datenschutzverordnung kann das Schweizerische Zivilgesetzbuch betrachtet werden. Artikel 13 „Schutz der Privatsphäre" des Zivilgesetzbuches besagt folgendes:

„Jede Person hat Anspruch auf Achtung ihres Privat- und Familienlebens, ihrer Wohnung sowie ihres Brief-, Post- und Fernmeldeverkehrs. Jede Person hat Anspruch auf Schutz vor Missbrauch ihrer persönlichen Daten" (Bundesverfassung der Schweizerischen Eidgenossenschaft, 1999, S. 3).

Dieser Artikel wird durch das Bundesgesetz über den Datenschutz vom 1. Juli 1993 gestützt. Die entsprechende Verordnung (DSG) regelt die Einzelheiten. Zusätzlich beinhaltet das Schweizerische Zivilgesetzbuch Artikel 28-28l, die festlegen, wie eine Persönlichkeitsverletzung durch das Gesetz behandelt wird. Der Artikel 28 (30) besagt folgendes:

„Wer in seiner Persönlichkeit widerrechtlich verletzt wird, kann zu seinem Schutz gegen jeden, der an der Verletzung mitwirkt, das Gericht anrufen" (Bundesversammlung der Schweizerischen Eidgenossenschaft, 1907, S. 7).

2.6.3 Outsourcing-Vertrag

Aus rechtlicher Sicht handelt es sich bei einer Auslagerung der Daten über einen Outsourcing-Vertrag. Ein Outsourcing-Vertrag gehört in keine besondere Kategorie unter allen möglichen Vertragsarten. Dabei handelt es sich um ein Dauerschuldverhältnis, da die Verträge in der Regel über eine lange Zeit zum Bezug oder zur Erbringung einer Dienstleistung abgeschlossen werden (Söbbing, 2015, S. 711). Aus diesem Grund ist es nicht einfach den Outsourcing-Vertrag einer besonderen Vertragsart zuzuordnen. Ein Outsourcing-Vertrag kann als eine Mischform zwischen Kauf-, Miet- oder Dienstleistungsvertrag angesehen werden. Mit dem Outsourcing ist eine langfristige Zusammenarbeit zwischen dem Provider und dem Kunden gemeint. In der Regel werden Outsourcing-Verträge auf Dauer von drei bis fünf Jahren abgeschlossen (Söbbing, 2015, S. 711).

2.6.4 Bundesgesetz über den Datenschutz (DSG) in der Schweiz

Gemäss dem Bundesgesetz über den Datenschutz und Art. 2 Geltungsbereich gilt dieses Gesetz, wenn die Datenverarbeitung der natürlichen und juristischen Personen durch private Personen oder Bundesorgane erfolgt (Bundesversammlung der Schweizerischen Eidgenossenschaft, 1992, S. 1). Mit den Personendaten sind „alle Angaben, die sich auf eine bestimmte oder bestimmbare Person beziehen" gemeint (DSG, Art. 3, 1992, S. 1).

Unter Datenbearbeitung gemäss dem Artikel 3e ist folgendes zu verstehen: „Bearbeiten: jeder Umgang mit Personendaten, unabhängig von den angewandten Mitteln und Verfahren, insbesondere das Beschaffen, Aufbewahren, Verwenden, Umarbeiten, Bekanntgeben, Archivieren oder Vernichten von Daten" (DSG, Art. 3e, 1992, S. 1). Für die Auslagerung und Weitergabe der Datenbearbeitung an einen Cloud-Anbieter ist ebenfalls Art 10a „Datenbearbeitung durch Dritte" der DSG massgebend.

2.6.5 Übermittlung der Daten ins Ausland Art 6. DSG basierend auf EDÖB

Wenn das Rechenzentrum des Anbieters sich im Ausland befindet, gilt Art. 6 „Grenzüberschreitende Bekanntgabe" der DSG zu beachten. Gemäss dem Eidgenössischen Datenschutz- und Öffentlichkeitsbeauftragten EDÖB können folgende Gründe für die Datenübermittlung ins Ausland vorliegen:

- Das Unternehmen zentralisiert seine Datenbearbeitungsprozesse;
- Die Datenverarbeitung wird ausgelagert;
- Das Unternehmen wird durch eine ausländische Firma übernommen (EDÖB, 2018, S. 2).

Der Eidgenössische Datenschutz- und Öffentlichkeitsbeauftragter (EDÖB) stellt die Listen mit den Staaten zur Verfügung, mittels dessen die Angemessenheit der Datenauslagerung überprüft werden kann (EDÖB, 2018, S. 3) & (Art. 31 Abs. 1 lit. d DSG und Art. 7 VDSG). Der EDÖB stellt ebenfalls ein Mustervertrag zur Verfügung. „Er dient dazu, bei Übertragungen von Daten zur Bearbeitung ins Ausland (zwecks Outsourcings) einen adäquaten Schutz der Personendaten im Sinne von Art. 6 Abs. 2 lit. a DSG zu gewährleisten", wird durch EDÖB betont.

2.6.6 EU-Datenschutzgesetz und seine Auswirkung auf die Schweiz

In diesem Kapitel lege ich die für die schweizerischen Unternehmen relevanten Artikel aus dem DSGVO vor. Im Jahr 2018 ist eine neue EU-Datenschutz-Grundverordnung (DSGVO) in Kraft getreten. Dabei liegt der Fokus auf dem Persönlichkeitsschutz, insbesondere für die Internetanwendung.

Die schweizerischen Unternehmen sind von der DSGVO ebenfalls betroffen, insofern sie die personenbezogenen Daten von natürlichen Personen, die im EU-Raum wohnhaft sind, verarbeiten (Mirkovic, 2020, S. 118). Gemäss Artikel 3 Absatz 2a und b der DSGVO gilt folgendes:

„Diese Verordnung findet Anwendung auf die Verarbeitung personenbezogener Daten von betroffenen Personen, die sich in der Union befinden, durch einen nicht in der Union niedergelassenen Verantwortlichen oder Auftragsverarbeiter, wenn die Datenverarbeitung im Zusammenhang damit steht

a) betroffenen Personen in der Union Waren oder Dienstleistungen anzubieten, unabhängig davon, ob von diesen betroffenen Personen eine Zahlung zu leisten ist;

b) das Verhalten betroffener Personen zu beobachten, soweit ihr Verhalten in der Union erfolgt" (DSGVO, 2018).

Falls Schweizer Unternehmen von diesen Kriterien betroffen sind entstehen folgende Pflichten in Bezug auf die DSGVO:

- „Garantie der «Privacy by Design» (Eingreifen der organisatorischen Massnahmen zur Sicherstellung der Einhaltung der EU-DSGVO sowie zum Schutz der Daten der betroffenen Person);
- Garantie der «Privacy by default» (Sicherstellung durch Voreinstellungen, dass standardmässig lediglich diejenigen Daten erhoben werden, die für den jeweiligen Verwendungszweck auch tatsächlich nötig sind" (Mirkovic, 2020, S. 118).

Es ist wichtig bei der DSGVO zu beachten, dass ihre Anwendung nur auf die Verarbeitung der personenbezogenen Daten geltend ist. Auf die Verarbeitung der weiteren Datenarten ist die DSGVO nicht massgebend (Mirkovic, 2020, S. 118). Gemäss dem Artikel 27 der DSGVO brauchen Schweizer Unternehmen, die von dem Artikel 3 §1 und §2 betroffen sind, zwingend einen Vertreter in der Europäischen Union (DSGVO, 2018, S. 48).

2.6.7 Abkommen im Datenschutzbereich zwischen der Schweiz und EU

Derzeit besteht kein Abkommen im Cloud-Datenschutzbereich zwischen der EU und der Schweiz. Die Schweizer Unternehmen sollen sich lediglich an der Gesetzgebung von DSGVO und CLOUD Act orientieren. Die Schweiz unternimmt derzeit Versuche ihr Datenschutzgesetz nach den europäischen Richtlinien umzugestalten. Jedoch befindet sich das Dokument noch in der Bearbeitung.

2.6.8 Abkommen im Datenschutzbereich zwischen der Schweiz und der USA

Ein Abkommen zwischen der Schweiz und der USA im Bereich Cloud-Datensicherheit liegt derzeit ebenfalls nicht vor. Jedoch sind die Schweizer Unternehmen, die personenbezogenen Daten auf den externen Infrastrukturen oder Drittstaaten weitergeben, durch den CLOUD Act gesetzlich bedroht. Gemäss der Schweizerischen sowie Europäischen Gesetzgebung können die Datenschutzgesetze nur dann eingehalten werden, wenn die Verordnung einen Ort auf dem Territorium von der EU oder der Schweiz vorgibt, auf welchem der Provider seine Infrastruktur besitzt. Ist diese Bedingung erfüllt, dann können die Cloud-Services die Daten, inklusive personenbezogenen Daten, speichern und verarbeiten (Irmer, 2019, Abschnitt 16).

Dies ist unter Berücksichtigung des CLOUD Acts nicht einfach sicherzustellen. Der CLOUD Act sieht vor, dass der Bundesstaat der Vereinigten Staaten den Zugriff auf die Daten erhält, auch wenn die Daten ausserhalb der USA gespeichert sind. Ausserdem ist es dem Provider erlaubt die von der Untersuchung betroffenen Personen nicht zu informieren (Irmer, 2019, Abschnitt 16).

Gemäss der Bestimmung 18. U.S.C. §2713 gestützt auf dem CLOUD Act besagt das US-Gesetz folgendes:

„A provider of electronic communication service or remote computing service shall comply with the obligations of this chapter to preserve, backup, or disclose the contents of a wire or electronic communication and any record or other information pertaining to a customer or subscriber within such provider's possession, custody, or control, regardless of whether such communication, record, or other information is located within or outside of the United States" (Jaksch, 2018, 259-261).

Gemäss dieser Regulierung bestimmen die US-Behörden die weltweite Zugriffserlaubnis auf die im Ausland gespeicherten Daten. Das bestehende ausländische Gesetz, wie zum Beispiel DSGVO (EU) und DSG (Schweiz) finden dabei keine Beachtung. Durch den CLOUD Act sind weltweit die Personen, Organisationen oder Unternehmen betroffen, die durch Unternehmen der USA kontrolliert oder auf dem US-Markt tätig sind (Jaksch, 2018, 259-261).

Der CLOUD Act ist eine leicht zu unterschätzende Variable, wenn es um die Auswahl der Cloud-Anbieter geht. Welchen Kriterien die Unternehmen besondere Beachtung schenken sollten, werde ich im nächsten Kapitel „Analyse und Auswertung" genauer betrachten.

3 Analyse und Diskussionsteil

Im Analyseteil meiner schriftlichen Arbeit stelle ich Cloud Deployment-, Cloud Service-Modelle und die gesetzlichen Vorgaben des Datenschutzrechts (DSG) in der Schweiz, Europäischen Union (DSGVO) und der USA (CLOUD Act) gegenüber. Die Auswertung erfolgt auf Basis einer Vergleichsanalyse. Dabei werden die wichtigsten Kriterien für die Auswahl sowie Vor- und Nachteile analysiert und anschliessend zusammengefasst.

3.1 Gegenüberstellung der Cloud Deployment-Modelle: Private, Public und Hybrid Cloud

Im theoretischen Teil, bezugnehmend auf die Cloud Deployment-Modelle, konnte ich mir bereits ein Grundwissen aneignen sowie eine solide Übersicht gewinnen. Nun werde ich die von mir gewonnenen Erkenntnisse im Analyseteil präzisieren und auch den daran interessierten Stakeholdern eine nützliche Entscheidungsgrundlage im Cloud-Bereich bereitstellen. In der untenstehenden Tabelle werden die wichtigsten Merkmale und Auswahlkriterien der Cloud Deployment-Modelle verglichen:

Tabelle 1: Qualitativer Vergleich der Private, Public und Hybrid Cloud (Quelle: eigene Darstellung)

Kriterium	Public Cloud	Private Cloud	Hybrid Cloud
Skalierbarkeit	Geeignet für Unternehmen, die über eine schwankende Anzahl an den Applikationen und Systemen arbeitenden Personen verfügen; Anwender können in einem Public Cloud-Modell sehr einfach hinzugefügt und wieder entfernt werden (Möhring, 2018, S. 22).	Einer der wichtigsten Unterschiede zwischen Public und Private-Cloud; Das Unternehmen erfährt gewisse Limitation bei dem Einsatz des Private-Cloud-Modells. Jedoch ist je grösser Serverlandschaft eines Unternehmens, desto besser und nutzbar die Skalierbarkeit-Funktion (Barua, 2020).	Datenzentren können sehr gut und innert kürzeste Zeit skalierbar sein; Hybrid Cloud ein Mix, zwischen dem Public und Private Cloud (Möhring, 2018, S. 22).
Bezahlbarkeit	Das Unternehmen zahlt nur für die effektiv genutzten Ressourcen; "Pay-as-you-Use"-Modell (Toroman, 2018, S. 10).	Jährlichen Kosten werden fix, basierend auf Vertrag, in Rechnung gestellt; Diese Lösung kann kostenaufwendig sein, denn das Unternehmen muss für den Betrieb der eigenen Infrastruktur qualifizierte Arbeitskräfte einstellen (Toroman, 2018, S.10).	Die Preisspanne befindet sich im Durchschnitt (Toroman, 2018, S. 10).
Performance	Das Performance-Level kann durch die Benutzer zwar gemessen werden aber dadurch auch die Performance der anderen User negativ beeinflussen; User sind für die Performance-Messung selber verantwortlich (IRMA, 2015, S. 293).	Der Cloud-Besitzer hält die ganzen Ressourcen wie z.B. Netzwerk, Server, Daten unter Kontrolle; Auch Kontrolle der Performance-Leistung gehört zu seinen Aufgaben (IRMA, 2015, S. 293).	Das Unternehmen kann seine Performance-Risiken segmentieren, indem die kritischen Applikationen in der Private Cloud und die weniger kritischen in der Public Cloud betrieben werden (IRMA, 2015, S. 293).

Sicherheit	Die Betrachtung der Sicherheits-perspektive ist nicht einfach; Public Cloud ist an sich selber eine komplexe Lösung; Cloud-Lieferanten verfügen über mehr finanzielle Möglichkeiten, um in die Sicherheit zu investieren (Locati, 2015, S. 28).	Aus der Sicherheitsperspektive ist Private Cloud ein sehr sicheres Deployment-Modell; Garantiert den Benutzer vollen Zugriff und ganze Verantwortung über die Umgebung; Unternehmen müssen jedoch selber in die Sicherstellung der Sicherheit investieren; Dabei gilt Private Cloud als höchst sicher (Locati, 2015, S. 28).	Brücke zwischen der Privater und Public Cloud; Je nach Daten-Art, die die für die Verarbeitung ausgelagert werden, kann Hybrid Cloud die Sicherheitsgrundsätze entsprechend gewährleisten (Locati, 2015, S. 29).
Access / Zugriff	Benutzer greifen auf die Infrastruktur via Internet zu, während der Leistungsumfang in der Regel durch die Benutzer selber ausgewählt wird (Silka, 2014, S. 6).	In den meisten Fällen erhalten Benutzer den Zugriff auf die Plattform via Internet oder einen VPN-Client (Silka, 2014, S. 6).	Der Zugriff auf Hybrid Cloud besteht meistens aus einer Mischform: Internet und VPN-Client (Silka, 2014, S. 6).
Datenkontrolle	Beim Provider (Schmeisser, 2018, S. 209)	Bei Unternehmen; Möglichkeit der selbständigen Datenkontrolle ist dabei die Hauptmotivation (Schmeisser, 2018, S. 209)	Daten können teilweise durch den Provider und teilweise durch das Unternehmen selber kontrolliert werden (Schmeisser, 2018, S. 209)
Endanwender	Benutzer Unternehmen	Benutzer Unternehmen	Benutzer Unternehmen
Standort	Extern, im Ausland	Intern	Intern und extern
Passt am besten für...	Unternehmen, mit einem grossen Volumen an unsensiblen Daten	Unternehmen, mit sensiblen oder personenbezogenen Daten	Unternehmen, die Vorteile der Public Cloud nutzen wollen und über unsensible und sensitive Daten verfügen.

Zusammenfassend kann ich deutlich erkennen, dass Public Cloud über eine sehr hohe Skalierbarkeit verfügt. Die von einem Unternehmen benötigten Anpassungen können rechtzeitig und kostenschonend vorgenommen werden. Wenn das Unternehmen von einer solchen Flexibilität abhängig ist oder diese als nötig empfindet, dann ist die Public Cloud das passendste Deployment-Modell (Möhring, 2018, S. 22). Aber auch wenn die Private Cloud eine geringere Skalierbarkeit aufweist, könnte eine Skalierung durch externe Cloud-Anbieter gewährleistet werden (Barua, 2020).

Unter Berücksichtigung der finanziellen Kriterien ist deutlich zu erkennen, dass Public Cloud die Leerlaufkosten im Vergleich zu anderen Deployment-Modellen signifikant verringert, da die Skalierung «on demand» ermöglicht wird. Bei der Nichtnutzung der Public Cloud-Leistung können Betriebskosten auf Null reduziert werden (Möhring, 2018, S. 15).

Die Performance ist eines der unvorhersehbarsten Merkmale. In global-verteilten Cloud-Modellen kann die Performance bereits schon aufgrund ungenügender Netzwerkleistung eingeschränkt werden. Unabhängig der drei Cloud Deployment-Modelle ist die Performance in jedem Modell unvorhersehbar. Es verschiebt sich dabei lediglich der Nutzungsstandort, wodurch das Risiko in Bezug auf die Performance nicht reduziert werden kann. Einen gewissen Vorteil bietet lediglich die Hybrid Cloud durch die Segmentierung der Performance-Risiken (Association, 2015, S. 293).

Im Bereich der Sicherheit erzielt die Private Cloud den höchsten Sicherheitsstandard. In dessen Einsatzfall hat das Unternehmen die eigenen Daten unter ihrer Kontrolle. Jedoch, Unternehmen investieren kaum ausreichend in die Sicherstellung der Datensicherheit innerhalb ihrer Private Cloud, wodurch die Public Cloud unter Berücksichtigung der Kosten durchaus die vernünftigere Entscheidung darstellen kann (Locati, 2015, S.29).

Sobald die Daten vollständig in die Public Cloud ausgelagert werden gilt es zu beachten, dass die vollständige Kontrolle dem Provider überlassen wird. Diese Tatsache dürfen Unternehmen mit sensitiven Daten nicht aus dem Auge verlieren (Schmeisser, 2018, S. 209). In der untenstehenden Tabelle „Vor- und Nachteile der Cloud-Modelle: Public, Private, Hybrid" werden die wesentlichen Kriterien ausfindig gemacht:

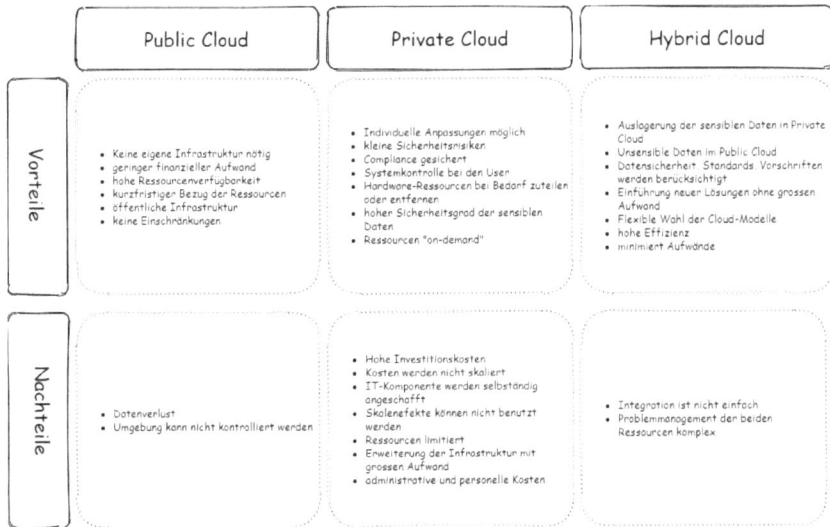

Abbildung 5: Vor- und Nachteile Private, Public, Hybrid Cloud (Quelle: eigene Darstellung)

Anhand der obenstehenden Abbildung kann ich ableiten, dass sich Private Cloud als Cloud Modell vor allem für Unternehmen eignet, die über sensitive Daten sowie über eine grosse Menge an ungenutzter Hardware verfügen. Andernfalls müssen Unternehmen dazu bereit sein, in den Aufbau der Infrastruktur sowie Beschäftigung der Spezialisten aus dem Fachbereich zu investieren (Salam, 2015, S. 382). Unternehmen, die über eigene Datenzentren verfügen, sich jedoch für eine unabhängige Umgebung für potenzielle Kurz- oder Langzeitprojekte interessieren, sollten ihre Aufmerksamkeit dem Hybrid Cloud-Modell widmen. Auch Unternehmen, bei welchen die Ressourcennutzung der Applikationen eher schwankend ist, sollten sich Gedanken über den Einsatz einer Hybrid Cloud machen (Salam, 2015, S. 384). Das Public Cloud-Modell kann vor allem von Unternehmen eingesetzt werden, die sich schnelle Skalierbarkeit und Kostenreduktion wünschen und zudem über internen Personalmangel verfügen (Barrett, 2015, S. 43).

Ich komme hiermit zu folgender Schlussfolgerung:

Die Entscheidung betreffend den Einsatz eines der Deployment-Modelle muss immer individuell, auf die Unternehmenssituation ausgerichtet, getroffen werden. Im ersten Schritt entscheidet das Unternehmen, um welche Art der Daten es sich bei der Auslagerung handelt. Sollten Analysen aufdecken, dass es sich dabei um sensitive und personenbezogene Daten handelt, sollte das Unternehmen Private oder Hybrid Cloud ins Betracht ziehen. Sofern das Unternehmen über ein hohes Volumen an unsensiblen Daten verfügt, lohnt sich die Auslagerung in die Public Cloud. Dadurch könnte das Unternehmen zusätzlich vom Skalierungseffekt profitieren und die Kosten deutlich senken, während die Nutzung der Private Cloud kostenintensiv ist. Zusätzlich müssen in der Private Cloud interne Arbeitsressourcen eingesetzt werden, wodurch zusätzliche Kosten generiert werden.

3.2 Gegenüberstellung der Service-Modelle: SaaS, PaaS, IaaS

Wenn ein Unternehmen sich für eines der Service-Modelle entscheidet, müssen die internen Anforderungen an die Servicequalität bekannt sein. In den meisten Fällen werden funktionale und nicht-funktionale Anforderungen festgelegt und gegenübergestellt. Doch die Auswahl eines Service-Modells bedeutet ebenfalls eine Auswahl des konkreten Anbieters. Soll der Service dabei die kritischen Prozesse im Unternehmen übernehmen, müssen auch die Charakteristiken des Anbieters mitberücksichtigt werden (Blokland, 2016, S. 51-52).

In der untenstehenden Tabelle werden die von mir ausgewählten Kriterien der Cloud Service-Modelle verglichen.

Tabelle 2: Gegenüberstellung der Auswahlkriterien für SaaS, PaaS, IaaS (Quelle: eigene Darstellung)

Kriterium	Software-as-a-Service	Plattform-as-a-Service	Infrastructure-as-a-Service
Provider kontrolliert	Funktionen Applikationen Daten Laufzeit Middleware Betriebssystem Virtualisierung Server Storage Netzwerk (Tiemeyer, 2020, S.)	Laufzeit Middleware Betriebssystem Virtualisierung Server Storage Netzwerk (Tiemeyer, 2020, S.)	Virtualisierung Server Storage Netzwerk (Tiemeyer, 2020, S.)
User kontrolliert	–	Funktionen Applikationen Daten (Tiemeyer, 2020, S.)	Funktionen Applikationen Daten Laufzeit Middleware Betriebssystem (Tiemeyer, 2020, S.)
Zielgruppe	Unternehmen ohne eigene Infrastruktur; Unternehmen, die ihre IT-Infrastruktur auslagern möchten (Vollmer, 2013, 30-31).	Softwarearchitekten und Anwendungsentwickler (Vollmer, 2013, 30-31)	Unternehmen, die ihre IT-Infrastruktur auslagern wollen (Vollmer, 2013, 30-31).
Flexibilität	Flexibilität durch die Kostenreduktion; hohe Durchlässigkeit gegenüber den Geschäftsprozessen; beeinflussbar durch die Innovation; schnelle Implementierung; elastische Skalierbarkeit; hinzufügen und entfernen der Service (Benlian, 2010, S. 245-246)	Zugriff auf die verschiedenen Programmiersprachen; Rechenleistung ist unbegrenzt, Plattform kann flexibel erweitert werden (Lindner, 2020, S. 10).	Höchste ebene der Effizienz; hohe Flexibilität und Skalierbarkeit der Ressourcennutzung; kein Leerlauf (Vollmer, 2013, S. 30).
Betriebskosten	Modell vorhersehbar und leicht kalkulierbar; keine unvorhersehbaren Kosten; geringe Anfangsinvestitionen; günstige Testphasen; Einsparungen durch die Produktivität.	Tiefer, durch die Economies of Scale; Lizenzkosten sind höher im Vergleich zur PaaS.	Tiefe Kosten für die Nutzung der Infrastruktur; interne Kosten entfallen, denn die Infrastruktur wird ausgelagert; höheren Kosten für die Nutzung der Applikationen.

Performance	Die Verantwortung liegt bei dem Provider (Blockland, 2016, S. 106). Zuverlässigkeit ist grundsätzlich sehr hoch, bis zu 99,99 %, jedoch ist kein Cloud-Anbieter von dem flächendeckenden Ausfällen gesichert (Zeiler, 2014, S. 33).	Siehe SaaS Performance	Siehe SaaS Performance
Sicherheit	Bietet mehr Sicherheit, als die internen Anwendungen denn die Cloud-Anbieter über mehr Know-how verfügen. Sicherheit kann als eine Standardanforderung angesehen werden (Benlian, 2010, S.16).	Sowohl der Kunde als auch der Anbieter sind für die Sicherheit verantwortlich (Neeser, 2012, S.16).	Der Kunde ist für die Sicherheit verantwortlich (Neeser, 2012, S.16).
Automati-sierung	Bietet eine gute Basis durch die Standardisierung (Abolhassan, 2016, S. 18). Zur Verfügung stehen Werkzeuge mit einem hohen Automatisierungsgrad (Gronau, 2010, S. 136).	Siehe SaaS Automatisierung	Siehe SaaS Automatisierung
Abstraktion	Drittes Abstraktionslevel: SaaS, wie auch PaaS, ist abstrakt, und verborgen vom Benutzer mit einer Host-Abstraktionsschicht. Im Falle der SaaS Service-Modells ist die Abstraktionsschicht nur für die Entwickler zugänglich. In den beiden Fällen liegt die Verantwortung für SaaS und PaaS beim Cloud Solution Provider (Takabi, 2019, S.27).	Zweites Abstraktionslevel: PaaS ist abstrakt und verborgen vom Endbenutzer mit einer Host-Abstraktionsschicht. Der Zugang wird indirekt mittels des Einsatzes PaaS-API den Usern gewährleistet (Takabi, 2019, S.27).	Erstes Abstraktionslevel: Benutzer sind für die Sicherung der ausgelagerten Rechenleistungen verantwortlich (Takabi, 2019, S.27).

Falls ein Unternehmen sich für das SaaS-Service-Modell entscheidet, müssen dem Unternehmen die Folgen des Verantwortungsverlustes bewusst sein. Die Leistungserbringung sowie Speicherung der Daten werden dabei durch den Anbieter ausgeführt. Je grösser der ausgelagerte Leistungsanteil ist, desto geringer ist die Eigenverantwortung und Kontrolle über die Daten (Benlian, 2010, S.16).

Die Automatisierung der Service-Modelle gehört zu den fünf wichtigsten Cloud-Eigenschaften. Dadurch können Anwender ihre Ressourcen selbständig konfigurieren. Ausserdem werden zeitaufwändige Eingriffe des Cloud-Providers vermieden und ein hoher Grad an Automatisierung kann sichergestellt werden (Gronau, 2010, S. 136).

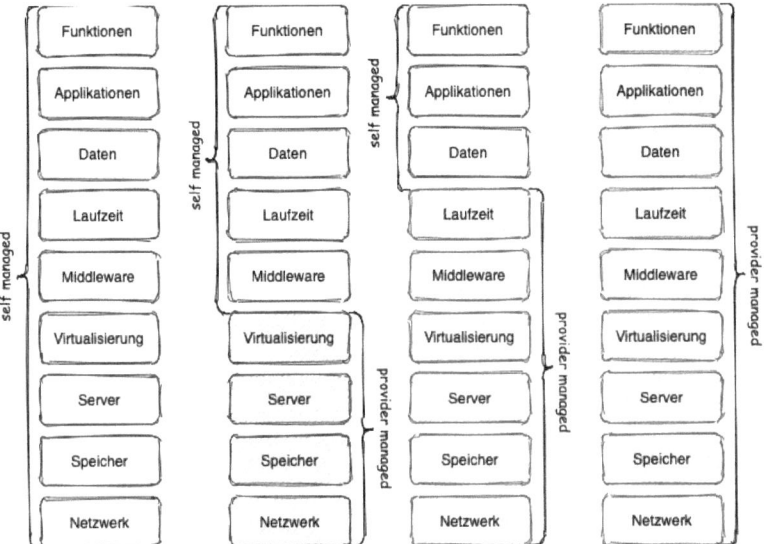

Abbildung 6: Verantwortungsaufteilung Cloud Service-Modelle (Quelle: Tiemeyer, 2020, S.317)

Die Flexibilität ist eine der Eigenschaften, die durch alle Cloud-Service-Modelle positiv bewertet werden kann. SaaS gewährleistet beispielsweise Kostenflexibilität und ist höchst anpassbar in Bezug auf neue Technologien. IaaS bildet die höchste Ebene der Flexibilität, indem die Ressourcennutzung flexibel korrigiert werden kann (Vollmer, 2013, S. 30).

Das Performance-Kriterium kann für alle drei Cloud Service-Modelle gleich ausgewertet werden: höchst performant. Jedoch muss während des Vertragsabschlusses mit dem Provider genau definiert werden, was mit der „Laufzeit" und den „Ausfallzeiten" gemeint ist und wie diese gemessen werden. Zudem müssen weitere Beteiligte der Service-Delivery berücksichtigt werden. Am besten sind die Verantwortlichkeiten klar festzulegen (Zeiler, 2014, S. 33).

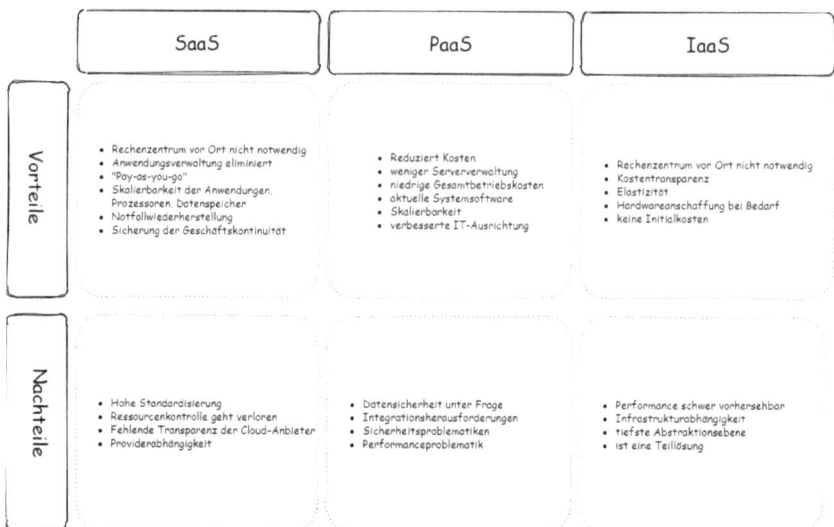

Abbildung 8: Vor- und Nachteile der Cloud Service-Modelle (Quelle: eigene Darstellung)

Im Cloud-Computing kann zwischen drei Service-Modelle, mit drei unterschiedlichen Abstraktionsebenen, unterschieden werden: SaaS, PaaS, IaaS. Im Falle des IaaS-Service-Modells behalten die Anwender die Kontrolle über Betriebssystem, Speicherort, Netzwerk und installierte Applikationen (Lins, 2019, S. 8). Dies ist auch der wesentliche Vorteil von IaaS. PaaS und SaaS ermöglichen im Gegenzug die Vermeidung einer aufwändigen Verwaltung und – durch die Nutzung der Economies of Scale – eine Kostenreduktion (Jamsa, 2013, S.18). Durch die attraktiven Bezahlmöglichkeiten (pay-as-you-go) der PaaS und SaaS-Service-Modelle wird durch die Unternehmen während der Entscheidungsfindung die Tatsache einer bedenklichen Datensicherheit gerne in den Hintergrund gerückt (Jamsa, 2013, S.38).

Ich komme hiermit zu folgender Schlussfolgerung:

Bei der Auswahl der Service-Modelle sollen Unternehmen sich zuerst überlegen, bis zu welchem Abstraktionsgrad die Infrastruktur und dazugehörigen Anwendungen ausgelagert werden sollen oder inwiefern die Verantwortung an Dritte übergeben werden kann. Wenn IaaS sieht die Eigenverantwortung für die betriebene Infrastruktur vor, wird diese im Falle der Auslagerung der Dienste in PaaS oder SaaS in eine teilweise oder volle Verantwortung an die Cloud-Anbieter übergeben. Unter anderem soll das Kriterium, wie Finazaufwände, als nächstes die Entscheidungsfindung beeinflussen. Die folgenden Kriterien wie Performance und Automatisierung sind für alle Modelle gleich und bringen ihre Vor- und Nachteile mit. Zudem sollen die Zielgruppen bei der Cloud-Service-Modell-Auswahl berücksichtigt werden, damit die Services den Anforderungen dieser Interessengruppen entsprechen könnten.

3.3 Analyse und Gegenüberstellung der rechtlichen Anforderung in der Schweiz, EU und USA

In diesem Analyseteil werde ich die Gesetzgebungen in Bezug auf die Sammlung, Speicherung, Weitergabe der personenbezogenen Daten in den folgenden Ländern wie die Schweiz, EU und USA gegenüberstellen. Das Ziel dieses Vergleichs ist es, betroffene Unternehmen zum Thema „Datenschutz" bei der Auswahl der Cloud-Anbieter zu sensibilisieren sowie aufzeigen, dass DSG, DSGVO und CLOUD Act in den Entscheidungsfindungsprozess mit einbezogen werden müssen.

In der Tabelle „Gegenüberstellung DSG, DSGVO, CLOUD Act" sind die wesentlichen Unterschiede sowie Ähnlichkeiten im Datenschutzbereich dargestellt.

Tabelle 3: Gegenüberstellung DSG, DSGVO, Cloud-Act (Quelle: eigene Darstellung)

Kriterium	DSG	DSGVO	CLOUD Act
Standort	Schweiz	EU	USA
Anwendung	In der Schweiz (DSG, 1992)	EU (DSGVO, 2018).	Weltweit (Cloud Act, 2018).
Betroffene Daten	Personenbezogenen (DSG, 1992).	Personenbezogenen (DSGVO, 2018).	Alle Daten, die aus der Sicht des US-Gesetzes einen Mehrwert für die Untersuchungen bereitstellen (Cloud Act, 2018).
Ziele	Transparenz der Datenverarbeitung; Stärkung der Selbstbestimmung der betroffenen (Cocca, 2019, S. 24); Sensibilisierung des Grundrechtsverständnisses (Henseler, 2020, S.12)	"Schutz der Grundrechte und Grundfreiheiten natürlicher Personen und insbesondere deren Recht auf Schutz personenbezogener Daten" (DSGVO, 2018).	Ermöglichen des Zugriffes auf die personenbezogenen Daten den US-Behörden im Falle einer Strafverfolgung (Cloud Act, 2018).
Risiken	Verletzung der Datenschutz- sowie Grundrechte der Persönlichkeit (DSG, 1992); Verletzung der Rechte und Freiheiten (DSG, 1992).	Verletzung der Persönlichkeitsgrundrechte (DSGVO, 2018); Verletzung der Rechte und Freiheiten (DSGVO, 2018).	Eingriff der US-Behörden in die Daten, ohne der Einwilligung der betroffenen Personen (Cloud-Act, 2018).
Existenz Abkommen	Schweiz und EU: kein Abkommen, Schweizer Unternehmen orientieren sich bei der Speicherung und Weitergabe der personenbezogenen Daten aus der EU an DSGVO (EDÖB, 2018).	Siehe „Existenz Abkommen DSG"	USA und Schweiz: kein Abkommen USA und EU: EU-US Privacy Shield - informelles Abkommen; Massgebend ist Cloud-Act, denn dieser durch seine Richtlinien DSGVO ausser Kraft setzt und als erste Anwendung findet (Cloud Act, 2018).

Staaten gemäss der Listen	Mit genügenden Datenschutz: Andorra, Belgien, Bulgarien, Dänemark, Deutschland, Estland, Färöer, Finnland, Frankreich, Gibraltar, Griechenland, Guernsey, Irland, Island, Isle of Man, Italien, Jersey, Kroatien, Lettland, Liechtenstein, Litauen, Luxemburg, Malta, Monaco, Niederlande, Norwegen, Österreich, Polen, Portugal, Rumänien, Schweden, Schweiz, Slowakei, Slowenien, Spanien, Tschechische Republik, Ungarn, Vereinigtes Königreich, Zypern, Kanada, Argentinien, Uruguay, Israel, Neuseeland (EDÖB, edoeb.admin.ch, 2020, S. 1-19)	Andorra, Argentinien, Kanada Färöer-Inseln, Guernsey, Israel, Isle of Man, Japan, Jersey (Insel), Neuseeland, Schweiz, Uruguay (DSGVO, 2018).	Staaten, die eine Abkommen basierend auf dem CLOUD Act abgeschlossen haben (CLOUD Act, 2018).
Massgebende Artikel zu beachten	Art. 13, 28 (30), 28-281 der Bundesverfassung; Art. 44 ff. DSGVO (für nicht-EU-Länder); Art. Art. 3 und 3e, 10a und 6 des DSG.	Artikel 3 Absatz 2a und b DSGVO; Artikel 4 §1 und 27 der DSGVO.	Bestimmung 18. U.S.C. § 2713 des CLOUD Acts (CLOUD Act, 2018).
Einwilligung der betroffenen Person	Notwendig (DSG, 1992).	Notwendig (DSGVO, 2018).	Wird nicht eingeholt, geltend sind die Bestimmungen des US-Cloud-Acts (Cloud Act, 2018).
Konsequenzen der Nichteinhaltung	„Das Datenschutzgesetz sieht Strafbestimmungen (Art. 34 und 35) vor, allerdings nur bei vorsätzlichen Verletzungen der Auskunfts-, Melde und Mitwirkungspflichten sowie der beruflichen Schweigepflicht, und nur auf Antrag. Allen anderen Klagen wegen Verletzung der Persönlichkeit beurteilt die Zivilrichter gemäss Art. 15 DSG im üblichen zivilrechtlichen Verfahren" (EDÖB).	Gemäss des DSGVO, müssen die bekannten Datenschutzverletzungen schnellstmöglich innert 72 Stunden an die dafür zuständigen Behörden gemeldet werden, dies ist gemäss dem Art. 33 Abs. 1 DSGVO. Eine Pflichtverletzung kann zu den hohen Bussen führen, die in der Höhe bis zu 2% des weltweiten Jahresumsatzes festgelegt werden können, Art 83 Abs. 4 DSGVO (Voigt, 2018, S. 84).	Diese Fragestellung wird in dieser Arbeit nicht untersucht.

„Werden bei der Nutzung von Cloud-Computing personenbezogene Daten bearbeitet, so liegt aus datenschutzrechtlicher Sicht normalerweise eine Datenbearbeitung durch Dritte im Sinne von Art. 10a DSG vor" (EDÖB, Erläuterungen zu Cloud Computing). Insbesondere kritisch sind die Daten, die ins Ausland bekanntgegeben werden. Gemäss DGS ist die Auslagerung grundsätzlich erlaubt, unter der Bedingung, dass das betreffende Land über einen angemessenen Datenschutz verfügt (Straub, 2014, S. 913).

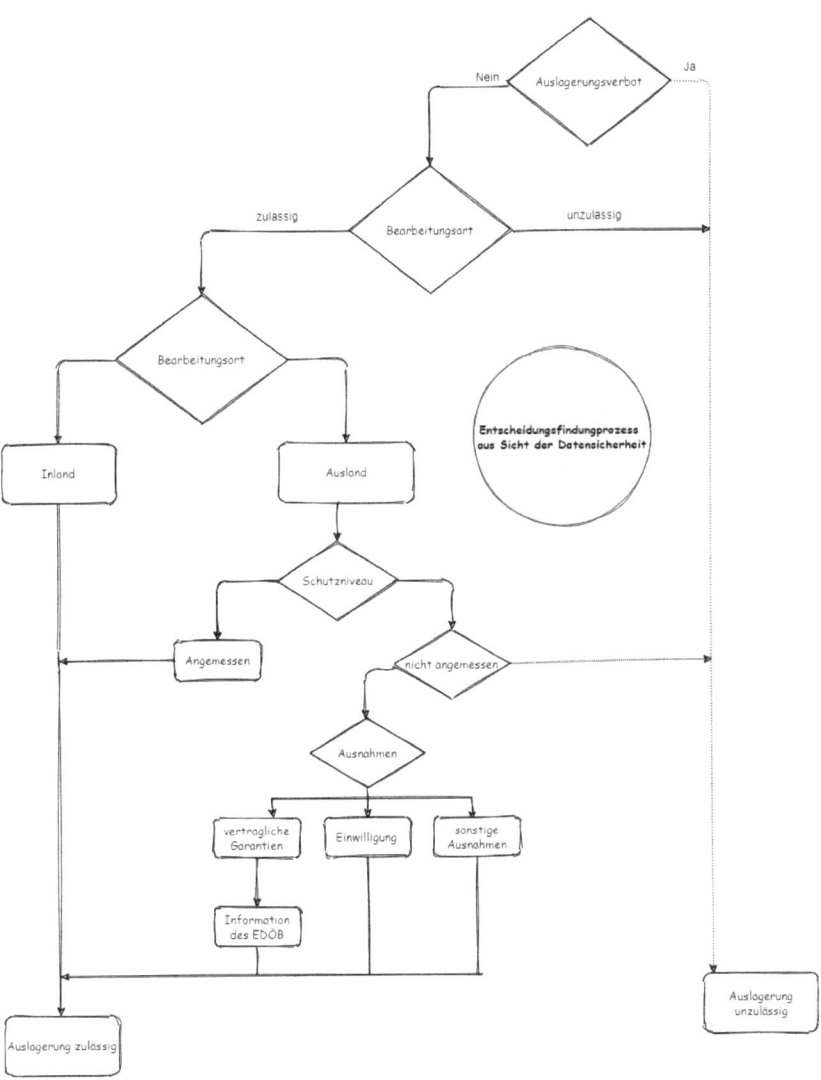

Abbildung 9: Schematische Darstellung der Voraussetzungen einer Datenauslagerung (Quelle: Straub, 2014, S. 918)

„Datenschutzrechtlich relevant sind nicht nur die Orte, an welchen eine effektive Datenbearbeitung stattfindet, sondern auch alle anderen Orte, von welchen aus eine Zugriffsmöglichkeit besteht" (Straub, 2014, S. 914).

Ich komme hiermit zu folgender Schlussfolgerung:

Bevor ein Unternehmen den Vertragsabschluss für die Bereitstellung der Cloud-Leistungen entscheidet, sollen nicht nur Auswahlkriterien des Deployment- oder Service-Modelle, sondern auch dabei relevante zu beachtenden Gesetzgebungen, berücksichtigt werden. Die Gesetzesverletzung, insbesondere im Bereich der Persönlichkeitsverletzung, kann sehr grosse und teure Konsequenzen für das Unternehmen bergen. Denn die Unwissenheit des Gesetzes befreit ein Unternehmen nicht vor dessen Einhaltung (Ignorantia légis non excusat).

4 Auswertung und Handlungsempfehlung

Cloud-Computing ist eine Disziplin, deren ersten Schritte bereits im Jahr 1950 gemacht wurden. Die Cloud-Technologie unterliegt einer ständigen Entwicklung in der modernen Welt, was Unternehmen vor immer zunehmenden Herausforderungen stellt. Gegenwärtig ist Cloud-Computing eine junge Disziplin, die dank der technologischen Entwicklung ein enormes Entfaltungspotenzial aufweist. Mittels der vorgelegten Seminararbeit lässt sich ableiten, dass mehrere Autoren sich bereits mit den Auswahlkriterien der Cloud-Anbieter auseinandersetzen. Doch auch heutzutage können die Empfehlungen keinem Unternehmen eindeutig zugeordnet werden. Meistens handelt es sich dabei um das sogenannte Allgemeinwissen aus dem Cloud-Bereich.

Um das Risiko von Fehlentscheidungen bei der Auswahl der Cloud-Dienstleistungen und -Anbieter zu verhindern, eignet sich das Vorgehen mittels eines sinnvollen Leitfadens zum Auswahlprozess (siehe Kapitel 4.1 „Entscheidungsleitfaden").

Bei der Untersuchung meiner Forschungsfrage mittels der Literatur musste ich feststellen, dass kein prozessuales Vorgehen durch die Autoren vorgeschlagen werden konnte. Die von mir untersuchte Literatur stellt das theoretische Wissen bereit, jedoch wird der für viele Stakeholder nötige Prozess nicht dargestellt. Die Literatur stellt eine geeignete theoretische Entscheidungsbasis dar. Nichtsdestotrotz liess sich auf dieser Arbeit ein Vorschlag des Auswahlprozesses der Cloud Deployment- und Service-Modelle in der Anlehnung auf die Kernkriterien und Datenschutzgrundsätze darstellen.

Cloud-Computing ist eher eine praxisorientierte Disziplin als ein wissenschaftlicher Forschungsbereich. Bei der Auswahl der Cloud-Leistungen empfehle ich den schweizerischen Unternehmen und den Entscheidungsträgern das Wissen aus der Literatur mit der aktuellen Situation auf dem Markt zu vergleichen. Ich komme ebenfalls zu dem Schluss, dass die Unternehmen sich vorerst mit den gesetzlichen Grundsätzen in Datensicherheitsbereich auseinandersetzen sollen, bevor jegliche Entscheidungen betreffend der Cloud Deployment- oder Service-Modelle getroffen werden. Die aktuelle Gesetzgebung ist der Ausgangspunkt für die Unternehmen in der Entscheidungsfindung.

Die Entscheidungskriterien, die sich aus den technischen und regulatorischen Kriterien zusammensetzten, müssen durch die Unternehmen jederzeit kritisch, und auf eigene Situation bewertet werden. Die Basiskriterien können nur durch das Unternehmen selber auf eigene Situation bezogen beurteilt und angewendet werden.

Den Anwendern stehen heutzutage mehrere Cloud Service-Modelle (wie zum Beispiel SaaS, PaaS, IaaS) und Cloud Deployment-Modelle (Private, Hybrid, Public) zur Auswahl. Diese Modelle sollen erst dann eingesetzt werden, wenn sie wesentliche Vorteile für das Unternehmen mitbringen. Insbesondere muss beachtet werden, dass eine der meisten Folgen durch den Einsatz der Modelle der Verlust der Eigenständigkeit ist. Aus meiner Sichtweise sollten Unternehmen beachten, dass bei der Auslagerung der Dienste die Kosten zwar eingespart, doch die Investition dafür in die Cloud-Anbieter getätigt wird.

Um die optimale Anwendung der Cloud-Technologie im eigenen Unternehmen zu fördern, empfehle ich das Wissen im Datenschutzbereich sowie in der Cloud-Technologie aufzubauen. Besondere Aufmerksamkeit muss der Aufrechterhaltung des Know-hows im eigenen Unternehmen geschenkt werden.

4.1 Entscheidungsleitfaden

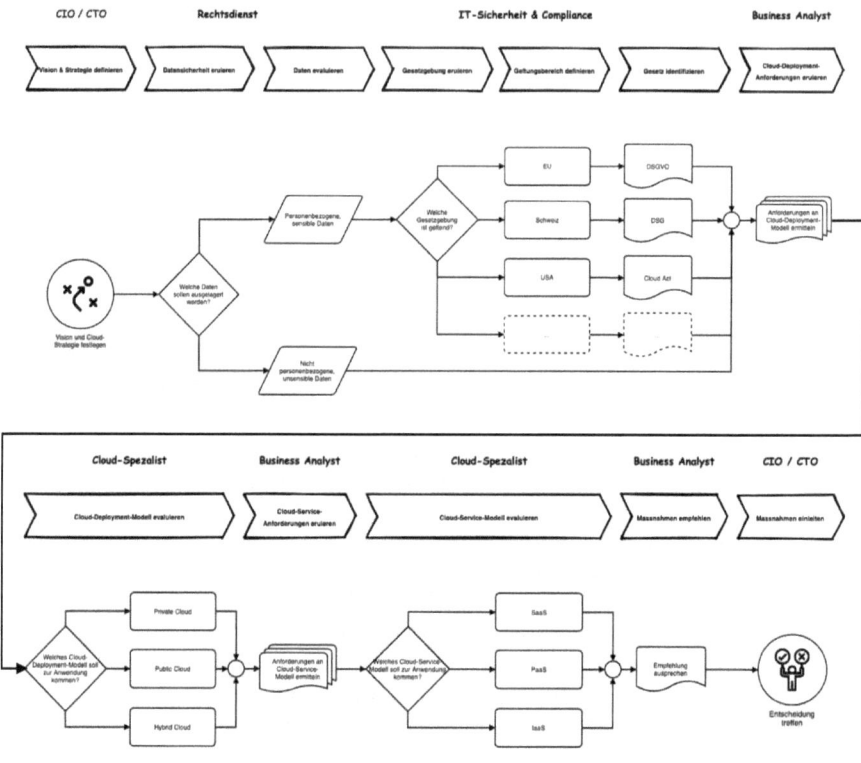

Abbildung 10: Auswahlprozess Cloud-Dienstleistungen (Quelle: Eigene Darstellung)

5 Fazit

Zusammenfassend deutet die Auswertung dieser Arbeit darauf hin, dass Unternehmen bezüglich des Cloud-Einsatzes immer eine individuelle Entscheidung basierend auf den Auswahlkriterien treffen sollen. Dabei müssen die Auswahlkriterien aus dem Datenschutzbereich, Deployment- und Service-Modellen berücksichtigt werden. Für die Entscheidungsfindung eignet sich das Auseinandersetzen mit den Kriterien wie Skalierbarkeit, Zuständigkeit betreffend der Datenkontrolle, Flexibilität, Sicherheit, Performance, Automatisierung und Abstraktion für die Cloud-Modelle sowie betroffenen Daten, Risiken, Staaten-Listen, geltende Rechtsartikel und Konsequenzen der Nichteinhaltung für die rechtlichen Anforderungen.

Sämtliche Modelle besitzen ihre einzigartige Ausprägung. Dadurch können sie durch das Unternehmen passend verglichen werden. Zusätzlich müssen die Vor- und Nachteile des Einsatzes der Cloud-Modelle sowie dabei geltende Gesetzte mitberücksichtigt werden. Insbesondere die Unternehmen mit sensitiven Daten sollen sich sehr detailliert mit den Auswahlkriterien auseinandersetzen. Beim Einsatz des Entscheidungsfindungsleitfadens sollen auch die für jeden Schritt zuständigen Rollen im Prozess mitberücksichtigt werden.

Cloud-Computing konnte sich bereits in vielen Unternehmen etablieren. Cloud-Modelle bringen mit sich zahlreiche Vorteile und Möglichkeiten der Digitalisierung, unterstützen Automatisierung der Businessprozesse. Der Einsatz der Technologie birg jedoch auch Gefahren in sich, falls die relevanten Kriterien ignoriert werden. Aus diesen Gründen muss die Entscheidung des Einsatzes mittels der vorhandenen Kompetenzen aus dem Cloud- und Gesetzbereichen getroffen werden. Cloud-Strategie in einem Unternehmen darf nicht dem Zufall überlassen werden.

6 Ausblick

Die Ergebnisse dieser Arbeit zeigen auf, dass die Cloud-Theorie in Bezug auf das Auswahlverfahren über ein umfangreiches Weiterentwicklungspotenzial verfügt. Denn auch wenn Cloud-Technologie heutzutage nicht mehr wegzudenken ist, habe ich eine deutliche Lücke in Bezug auf die Auswahlkriterien und dazugehörige Gesetzgebungen ausfindig gemacht. Aus meiner Sicht könnte untersucht werden, welche Kriterien jeweils pro Branche sinnvoll sind, welche Vor- und Nachteile pro Wirtschaftsbereich die Cloud-Technologie in sich birgt und ob es aus der Sicht der Gesetzgebung verantwortbar ist, wenn sich schweizerische Grosshandelsunternehmen für Cloud-Services aus dem Ausland entscheiden, welche von allfälligen Mitbewerbern betrieben werden.

Ich verfasste einen neutralen Entscheidungsfindungsprozess ohne, dass die potenziellen Cloud-Anbieter genannt wurden. Doch insbesondere in Bezug auf die gesetzlichen Richtlinien aus dem Ausland stellte sich immer wieder Forschungsfrage, ob sich die Schweiz nicht selber zu einem Cloud-Standort entwickeln könnte, um ihre Wirtschaft dadurch zu stärken und die aggressiven ausländische Gesetze umzugehen.

Die Forschung im Bereich der Auswahlkriterien der Cloud-Anbieter ist wichtig, denn das Verstehen der Basiskriterien führt zu einer Weiterentwicklung und Ausarbeitung weiterer wichtiger kritischer Punkte auf dem Weg zur digitalen Gesellschaft. Cloud Computing verfügt über grossartige Perspektiven in der Technologieentwicklung, wenn dessen Einsatz detailliert und intelligent durchdacht wird.

Quellenverzeichnis

1. Association, I. R. (2014). *Cloud Technology: Concepts, Methodologies, Tools, and Applications*. Hershey, USA: IGI Global.
2. Barrett, D. (2015). *CompTIA Security*. United States of America: Pearson Education.
3. Barua, A. (2020). *Decision-Maker´s Guide to SAP S/4HANA Cloud*. Gleichen: Espresso Tutorials.
4. Bedner, M. (2013). *Cloud Computing: Technik, Sicherheit und rechtliche Gestaltung*. Kassel: Kassel University Press.
5. Benlian, A. (2010). *Software-as-a-Service: Anbieterstrategien, Kundenbedürfnisse und Wertschöpfungsketten*. Wiesbaden: Gabler Verlag, Springer Fachmedien Wiesbaden GmbH.
6. Chandrasekaran, K. (2015). *Essentials of Cloud Computing*. Boca Raton, London, New York: CRC Press Taylor & Francis Group.
7. Christoph Meinel, C. W. (2011). *Virtualisierung und Cloud Computing: Konzepte, Technologiestudie, Marktübersicht (Technische Berichte des Hasso-Plattner-Instituts für Softwaresystemtechnik an der Universität Potsdam)*. Postdam: Universitätsverlag Potsdam.
8. Dietrich-Mirkovic, A. (2020). *Personenrecht und Einleitungsartikel*. Zürich: Orell Füssli.
9. Dominic Lindner, P. N. (2020). *Der Weg in die Cloud: Ein Leitfaden für Unternehmer und Entscheider*. Wiesbaden: Springer Fachmedien Wiesbaden GmbH, ein Teil von Springer Nature 2020.
10. EDÖB. (8. September 2020). *edoeb.admin.ch*. Von www.edoeb.admin.ch: https://www.edoeb.admin.ch/edoeb/de/home/datenschutz/handel-und-wirtschaft/uebermittlung-ins-ausland.html abgerufen
11. EDÖB, E. D.-u. (2018). *Die Datenübermittlung ins Ausland kurz erklärt*. Schweizerische Eidgenossenschaft.
12. EFD, E. F. (2020). *Bericht zur Bedarfsabklärung für eine «Swiss Cloud»*. Schweiz: Schweizerische Eidgenossenschaft.
13. Eidgenossenschaft, B. d. (1999). *Bundesverfassung der Schweizerischen Eidgenossenschaft*. Schweizerische Eidgenossenschaft.
14. Eidgenossenschaft, D. B. (1992). *Bundesgesetz über den Datenschutz (DSG)*. Schweizerische Eidgenossenschaft.
15. Ellenberg, J. (2014). *Preispolitik im Software-as-a-Service Markt: Deskriptive Analyse und Bewertung*. Hamburg: Diplomica Verlag.
16. Fabian Niemann, J.-A. P. (2014). *Rechtsfragen des Cloud Computing: Herausforderungen für die unternehmerische Praxis*. Berlin, Boston: Walter de Gruyter GmbH & Co KG.
17. Gerald Münzl, M. P. (2015). *Cloud Computing als neue Herausforderung für Management und IT* . Heidelberg: Springer Verlag.
18. Hassan Takabi, L. C.-A.-K. (2019). *Security, Privacy, and Digital Forensics in the Cloud*. Hoboken, West Sussex: Higher Education Press.
19. Henseler, D. (2020). *Datenschutz bei drohnengestützter Datenbearbeitung durch Private*. Zürich: sui generis Verlag.
20. Irmer, U. (2019). *Cloud Security Grundlagen: Aktualisierte 2. Auflage*. Nordstedt: BoD – Books on Demand.
21. Jaksch, C. (2020). *Datenschutzrechtliche Fragen des IT-gestützten Arbeitsplatzes: Grundrechtsschutz in einem Konzern vor dem Hintergrund neuer Technologien*. Wiesbaden: Springer Fachmedien Wiesbaden GmbH, ein Teil von Springer Nature 2020.

22. Jamsa, K. A. (2012). *Cloud Computing: Saas, Paas, Iaas, Virtualization, Business Models, Mobile, Security and More.* Burlington: Jones and Bartlett Publishers, Inc.

23. Kees Blokland, J. M. (2016). *Cloud-Services testen: Von der Risikobetrachtung zu wirksamen Testmaßnahmen.* Heidelberg: dpunkt.verlag.

24. Lins, S. (2019). *Cloud-Service-Zertifizierung: Ein Rahmenwerk und Kriterienkatalog zur Zertifizierung von Cloud-Services.* Berlin: Springer-Verlag.

25. Locati, F. A. (2015). *OpenStack Cloud Security.* Birmingham: Packt Publishing.

26. Möhring, M. (2018). *CRM in der Public Cloud: praxisorientierte Grundlagen und Entscheidungsunterstützung.* Wiesbaden: Springer Gabler.

27. Neeser, B. (2012). *Potenziale, Risiken und Grenzen von Software-as-a-Service aus Anwendersicht am Beispiel von SAP Business ByDesign.* Hamburg: Diplomica Verlag GmbH.

28. Nina Lissen, C. B. (2014). *IT-Services in der Cloud und ISAE 3402: Ein praxisorientierter Leitfaden für eine erfolgreiche Auditierung .* Heidelberg: Springer Verlag Berlin Heidelberg 2014.

29. Norbert Gronau, S. E. (2010). *Software as a service, cloud computing und mobile Technologien.* Berlin: GITO-Verlag Berlin.

30. R., I. I. (2015). *Cloud Computing: Concepts, Methodologies, Tools, and Applications.* Hershey PA: Information Science Reference.

31. Rat, E. P. (2018). *Verordnung zum Schutz natürlicher Personen bei der Verarbeitung personenbezogener Daten, zum freien Datenverkehr und zur Aufhebung der Richtlinie 95/46/EG (Datenschutz-Grundverordnung).* Brussel.

32. Reinheimer, S. (2018). *Cloud Computing: Die Infrastruktur der Digitalisierung.* Wiesbaden: Springer Fachmedien Wuesbaden GmbH, ein Teil von Springer Nature.

33. Roland Frank, G. S. (2019). *Cloud-Transformation: Wie die Public Cloud Unternehmen verändert .* Wiesbaden: Springer Fachmedein Wiesabaden GmbH, ein Teil von Springer nature 2019.

34. Salam, A. (2015). *Deploying and Managing a Cloud Infrastructure.* Indiana, Canada: John Wiley & Sons, Inc.

35. Silka, K. (2014). *Cloud Computing Services und USDL.* Hamburg: Bachelor Master Publishing.

36. *Software-as-a-Service: Anbieterstrategien, Kundenbedürfnisse und Wertschöpfungsketten.* (kein Datum).

37. States, T. S. (2018). *Clarifying Lawful Overseas Use of Data Act.* USA.

38. Straub, W. (2014). *Cloud Verträge – Regelungsbedarf und Vorgehensweise.* Schweiz.

39. Thomas Söbbing, L. (2015). *Handbuch IT-Outsoircing: Recht, Strategie, Prozesse, IT, Steuern und Cloud Computing.* Heidelberg, München, Landsberg, Frechen, Hamburg: C.F.Müller, eine Marke der Verlagsgruppe Hüthig Jehle Rehm GmbH.

40. Tiemeyer, E. (2020). *Handbuch IT-Management: Konzepte, Methoden, Lösungen und Arbeitshilfen für die Praxis .* München: Carl Hanser Verlag GmbH München.

41. Toroman, M. (2018). *Hands-On Cloud Administration in Azure: Implement, monitor, and manage important Azure services and components including IaaS and PaaS.* Birmingham: Packt Publishing.

42. Voigt, P. (2018). *EU-Datenschutz-Grundverordnung (DSGVO): Praktikerhandbuch.* Berlin: Springer-Verlag GmbH Germany.

43. Vollmer, T. (2013). *Der Einstieg in der Cloud: Ein Einblick auf die Technik und die juristischen Grundlagen des Cloud-Computings*. Hamburg: Disserta Verlag, Imprint der Diplomica Verlag GmbH.

44. Wilhelm Schmeisser, Y. K. (2018). *Die neue Seidenstraße: Digitalisierung und strategische Herausforderungen*. Konstanz: UVK Verlag.

45. Zeiler, V. (2014). *Kriterien zur Bewertung von Cloud Angeboten: Wie Sie den richtigen Servicepartner finden*. Hamburg: Diplomiva Verlag GmbH.

Abbildungsverzeichnis

Tabellenverzeichnis